Pour Hannah, Nathan et Ryan
– V. M.

Pour Lydia et Isaac
– B. W.

Catalogage avant publication de Bibliothèque
et Archives Canada

Myron, Vicki
Dewey, le petit chat de la bibliothèque / Vicki Myron
et Bret Witter ; texte français de Claudine Azoulay.

Traduction de: Dewey : there's a cat in the library!

ISBN 978-1-4431-0318-3

1. Dewey (Chat)--Ouvrages pour la jeunesse. 2. Chats
de bibliothèque-- Iowa--Spencer--Biographies--Ouvrages
pour la jeunesse. I. Witter, Bret II. Azoulay, Claudine
III. Titre.

SF445.5.M97314 2010   636.8092'9   C2010-902122-3

Le texte a été composé avec la police de caractères Caxton.
Les illustrations ont été réalisées à l'aide de Corel Painter X.

Édition publiée par les Éditions Scholastic, 604, rue King Ouest, Toronto (Ontario) M5V 1E1.

5 4 3 2 1   Imprimé à Singapour 46   10 11 12 13 14

Dewey
le petit chat
de la bibliothèque

Vicki Myron et Bret Witter

Illustrations de Steve James

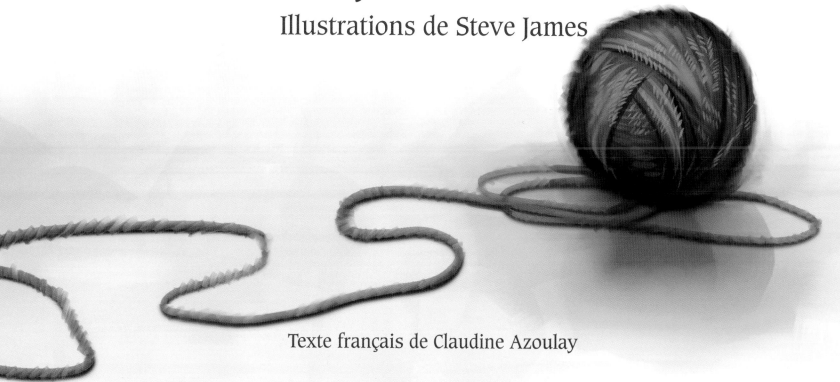

Texte français de Claudine Azoulay

Éditions SCHOLASTIC

Toutes les nuits, les gens déposent des livres dans la boîte de retour de la bibliothèque de Spencer, une petite ville de l'Iowa. Des livres drôles, des livres épais, des livres sur les camions, des livres sur les animaux... Ils les rapportent tous.

Mais une nuit,

la nuit la plus froide de l'année,

quelqu'un y dépose une étrange surprise :

un tout petit chaton!

Lorsque Vicki, la bibliothécaire, le trouve le
lendemain matin, le pauvre chaton est transi
de froid, effrayé et très, très sale. Vicki décide
sur-le-champ de lui donner un bain chaud.
Quand le chaton entre dans l'eau, il est brun et
il miaule désespérément. Quand il en ressort,
il est orange et il ronronne.

– Je vais te garder, lui dit Vicki, déjà sous
le charme. Tu t'appelleras Dewey Litout.
Tu pourras vivre ici; tu sera le chat
de notre bibliothèque.

Mais Dewey n'a aucune idée de ce qu'un chat de
bibliothèque doit faire. Il fait donc ce que font
tous les chatons : jouer.

Il se prélasse sur les journaux,

grimpe sur le chariot à livres

et fait tomber les stylos par terre.

Il s'amuse avec Martha la souris,

se faufile dans tous
les tiroirs ouverts

et finit toujours par dénicher
un élastique.

Mais ce que Dewey aime par-dessus tout, ce sont les personnes.
Les grandes. Les rondelettes. Les calmes. Les bruyantes. En revanche, les *petites* personnes le surprennent, et ce ne sont pas toujours de bonnes surprises.

– Regarde, Nathan, dit une maman à son fils.

Il y a un chat dans la bibliothèque.

Nathan se penche et dit :

– Salut, Oué Itou.

– Ce n'est pas comme ça, dit sa sœur Hannah. Il s'appelle Dewey Litout!

Le garçon le caresse à rebrousse-poil. Dewey se tortille. Dewey adore se faire caresser, mais à rebrousse-poil, il déteste ça!

Dewey est en train de se lécher pour replacer sa fourrure dans le bon sens quand il entend un drôle de bruit.

– Ouiiiiiiiin!

Le chaton dresse les oreilles, puis il regarde autour de lui.

– Ouiiiiiiiin!

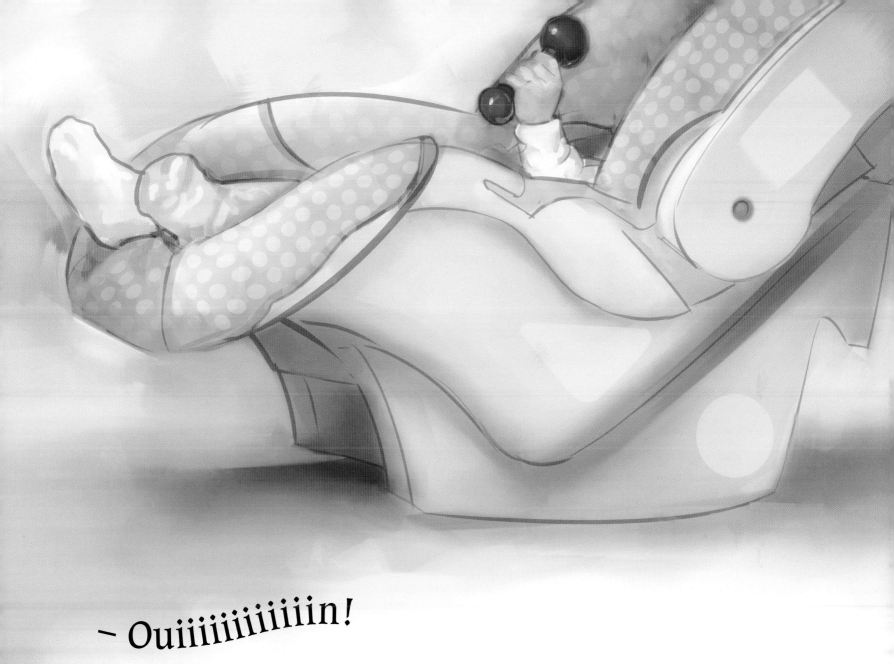

– Ouiiiiiiiiiiin!

Dewey se relève brusquement
et s'avance à pas de loup en
direction du bruit.

Surprise!

Dewey vient de découvrir que les petites personnes existent aussi en miniature!

Et qu'elles aiment gigoter,

attraper,

tirer

et gazouiller.

Ils sont formidables, les bébés, se dit Dewey. *Ils sont mignons et sentent merveilleusement bon.*

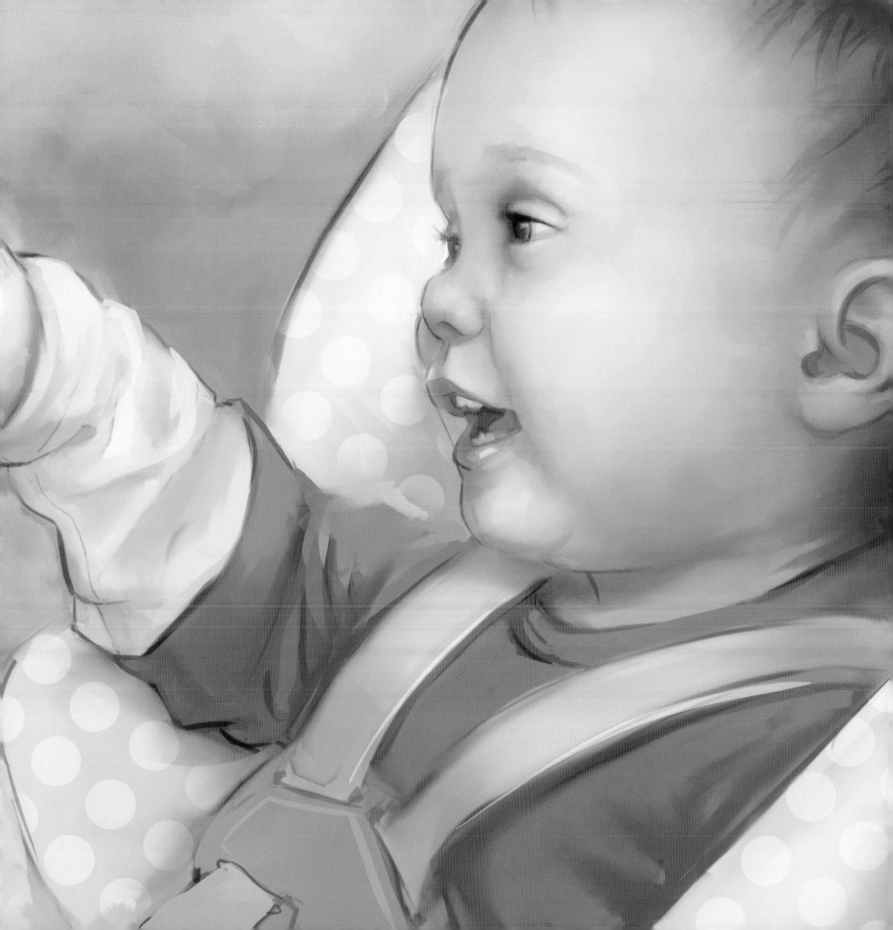

Quelques jours plus tard, en explorant la bibliothèque,
Dewey découvre, dans une pièce secrète, quelque chose
d'extraordinaire : l'heure du conte!

Ça c'est au poil! Super intéressant! se dit Dewey
en poussant la porte avec son petit nez.

Un enfant crie :

– *Il y a un chat dans la bibliothèque!*

Dewey se fige sur place.

Le calme règne pendant un instant.

Puis c'est le branle-bas de combat!

En l'espace d'une seconde, Dewey se retrouve
dans les bras d'un enfant, la tête en bas.

Oh non! Que faire maintenant? se demande
le chaton.

Tard dans la soirée, Dewey parle à son amie Martha la souris.

– La bibliothèque, c'est un endroit extraordinaire, lui dit Dewey, mais j'en ai assez qu'on me tire la queue, qu'on me bouscule et qu'on me tienne la tête en bas. Je ne suis pas un simple chat dans une bibliothèque, je suis LE chat de la bibliothèque. D'après moi, LE chat de la bibliothèque, c'est un chat qui est là pour aider les gens et je suis certain que c'est pour ça que je suis ici.

Martha la souris ne répond pas.

– Alors c'est ce que je vais faire, dit Dewey. Je vais aider les gens!

Et il se sent si heureux qu'il lance Martha la souris en l'air, lui donne un coup de patte, puis s'en sert comme oreiller.

Tard dans la soirée, Dewey parle à son amie Martha la souris.

– La bibliothèque, c'est un endroit extraordinaire, lui dit Dewey, mais j'en ai assez qu'on me tire la queue, qu'on me bouscule et qu'on me tienne la tête en bas. Je ne suis pas un simple chat dans une bibliothèque, je suis LE chat de la bibliothèque. D'après moi, LE chat de la bibliothèque, c'est un chat qui est là pour aider les gens et je suis certain que c'est pour ça que je suis ici.

Martha la souris ne répond pas.

– Alors c'est ce que je vais faire, dit Dewey. Je vais aider les gens!

Et il se sent si heureux qu'il lance Martha la souris en l'air, lui donne un coup de patte, puis s'en sert comme oreiller.

Le lendemain matin, quand les premières personnes arrivent,
Dewey les attend à la porte d'entrée, prêt à les accueillir.

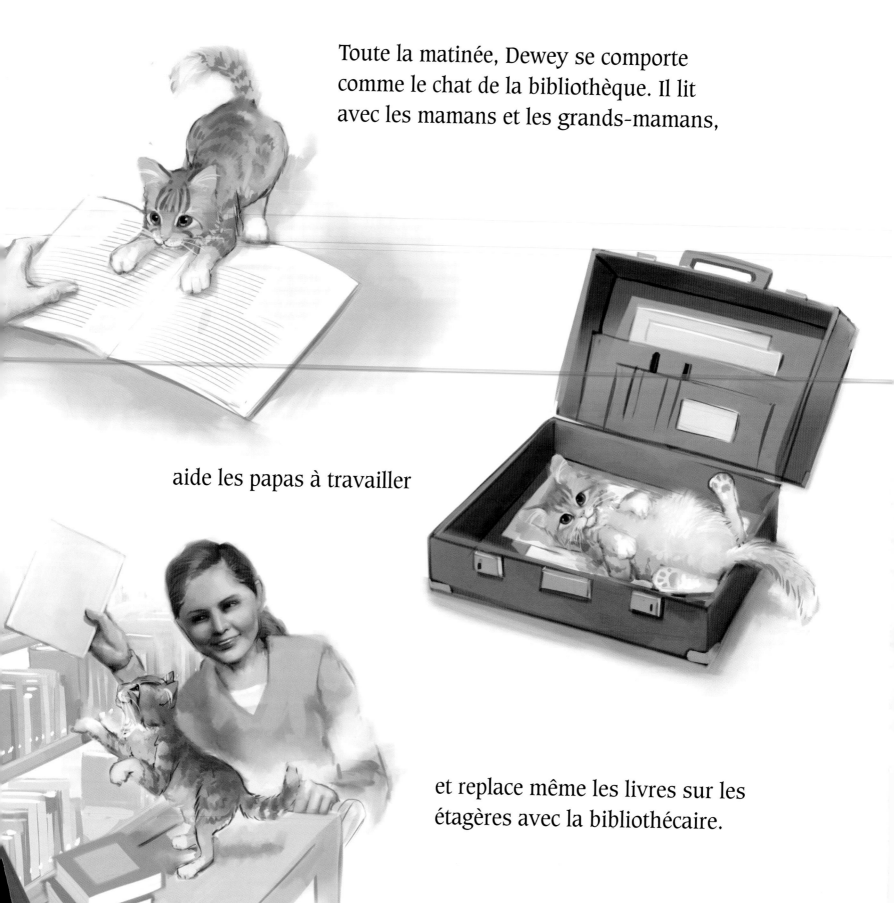

Toute la matinée, Dewey se comporte comme le chat de la bibliothèque. Il lit avec les mamans et les grands-mamans,

aide les papas à travailler

et replace même les livres sur les étagères avec la bibliothécaire.

Quand il aperçoit le petit Nathan, il fait un tour et demi sur lui-même. L'enfant peut ainsi lui caresser le dos, de la tête vers la queue… dans le bon sens du poil.

– Je suis content qu'on soit amis, Dou-Oui-Li, dit Nathan.

Dewey est ravi de cette remarque.

À l'heure du dîner, Dewey est épuisé.

Il se trouve donc une bonne boîte.

Il y met d'abord les pattes de devant, puis le ventre.

Il force un peu pour faire entrer son arrière-train,
et se tortille jusqu'à ce qu'il soit complètement
à l'intérieur... puis il ferme les yeux.

– Il y a un muffin aux carottes dans la bibliothèque, dit une fillette en gloussant.

Mais juste au moment où il s'apprête à faire de beaux rêves, Dewey entend un gros soupir. Il rouvre brusquement les yeux et voit une fillette assise de l'autre côté de la bibliothèque.

Elle a l'air triste et lit en silence dans son coin.

Le chaton grimpe sur le livre de la fillette
pour la regarder. Elle détourne la tête.

Il renifle sa main.
Elle ne veut pas jouer.

Il fait tomber ses mitaines
par terre. Elle ne les
ramasse pas.

Puis il voit son manteau et une idée géniale lui vient...

Faire le clown, ça marche toujours!

Je suis un chat comique aujourd'hui!

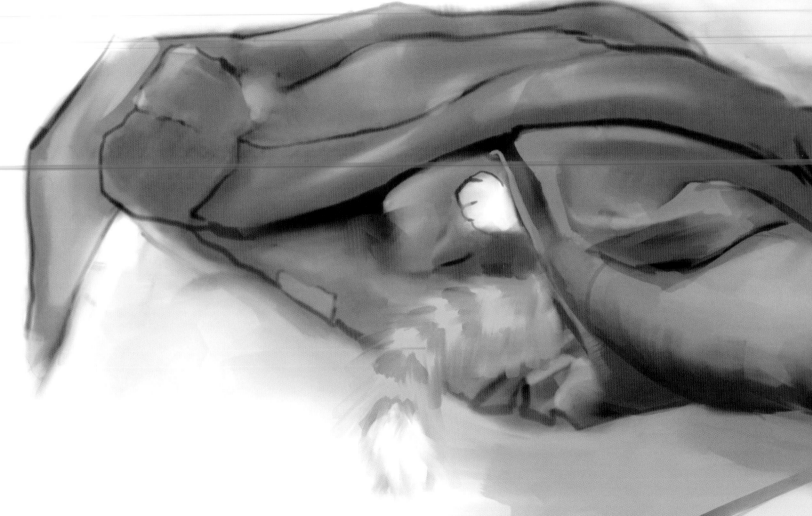

La fillette observe Dewey.

– Tu as l'air d'un hot-dog poilu dans un pain violet,
lui dit-elle.

Et là, elle le surprend.